평범한 우리 어린이들을 다음 세대
위인으로 만들어 줄 교과서 위인 이야기!
효리원의 교과서 위인 이야기는 초등학교
교과 과정에 나오는 국내외 위인들을, 우리나라
최고 아동 문학가 53인이 재미있게 동화로 구성했습니다.
지혜와 용기로 위대한 삶을 산 위인들의 이야기는,
어린이들의 마음속에 '나도 할 수 있다.'는
희망의 씨앗을 심어 줄 것입니다!

KB192163

일러두기

1. 띄어쓰기와 맞춤법 : 초등학교 국어 교과서와 국립국어원의 『표준국어대사전』을 기준으로 하였습니다.

2. 외래어 지명과 인명 : 국립국어원의 『외래어 표기 용례집』을 기준으로 하였습니다.

3. 이해가 어려운 단어 : (   ) 안에 뜻풀이를 하였습니다.

4. 작가 연보 : 연도와 함께 나이를 표기하고, 업적을 간략히 소개하였습니다. 우리나라 위인은 태어난 해를 한 살로 하였고, 외국 위인은 만 나이로 태어난 다음 해를 한 살로 하였습니다. 정확한 자료가 없는 위인은 연도와 업적만을 나타냈습니다.

5. 내용 구성 : 위인의 삶은 역사적 자료를 바탕으로 최대한 사실적으로 구성하였습니다. 그러나 읽는 재미를 위해 대화 글이나 배경 묘사, 인물의 감정 표현 등에 작가의 상상력을 더했습니다.

6. 그림 구성 : 문헌을 바탕으로 위인이 살던 시대를 충실히 나타내도록 하되 복식의 색상이나 장식, 소품, 건물 등은 작가의 상상으로 그렸습니다.

7. 내용 감수 : 각 분야의 전문가들로 구성된 편집 위원들이 꼼꼼히 감수를 하였습니다.

편집 위원

김용만(우리역사문화연구소장)
교과서에서 만나는 위인들을 중심으로 일화와 함께 그림과 사진을 곁들여 지루하지 않게 읽을 수 있습니다. 술술 읽다 보면 학교 공부에도 많은 도움이 될 것입니다.

신현득(동시인, 전 새싹회 회장)
우리가 자주 듣고 접하는 역사 속 실존 인물들이 자신의 꿈을 이루기 위해 어떻게 노력했는지 깨달아 가면서 우리 어린이들은 한층 더 성숙해질 것입니다.

윤재운(동북아역사재단 연구 위원)
위인전을 읽으면서 어린이들은 시대를 넘어 간접 체험을 할 수 있습니다. 어떻게 살아야 하는지 인생에 대한 동기 부여와 함께 삶이 보다 풍요로워질 것입니다.

이은경(철학 박사, 전북과학대 유아교육학과 교수)
한 사람의 인격과 품성은 어릴 때 형성됩니다. 따라서 초등학교 저학년 때 어떤 책을 읽느냐에 따라 생각의 크기가 달라집니다. 어린이의 미래를 위해 이 책은 꼭 읽어야 합니다.

이창열(하버드 대학교 물리학 박사, 전 국가과학기술자문회의 전문 위원)
세상을 바꾼 위대한 인물의 이야기는 어린이의 인성 및 감성 발달에 큰 영향을 미칠 뿐 아니라 실험 정신과 개척 정신을 길러 줍니다. 용기와 지혜로 세상을 헤쳐 나가는 당당한 어린이를 꿈꾼다면 이 책은 꼭 한번 읽어 보아야 합니다.

정재도(한글학자)
위인으로 일컬어지는 이들은 어떤 생각을 하고, 어떤 삶을 살았을까요? 그들의 흔적을 담은 위인전은 복잡한 현대를 이끌어 갈 우리 어린이들에게 나침반과 같은 역할을 할 것입니다.

조수철(서울대학교 의과대학 소아정신과 교수)
위인전은 시대와 신분, 업적이 다른 위인들의 삶이 다양하고 흥미롭게 구성되어 있어 손쉽게 여러 삶의 모습을 만날 수 있습니다. 용기 있게 고난을 헤쳐 나간 위인의 이야기를 통해 삶의 지혜를 배울 수 있을 것입니다.

장애인에게 희망을 준
감동의 인간 승리

헬렌 켈러

이상교 글 / 이은복 그림

 효리원
hyoreewon.com

『헬렌 켈러』는 위인의 삶을 다룬 전기문입니다. 위인 전기문은 모두 어린 시절, 남과 달리 뛰어났던 점이 부각되어 있습니다.

헬렌 켈러 역시 굳은 의지로 온갖 어려움과 포기하고 싶은 마음을 이겨 냈습니다. 보통 사람보다 열 배, 스무 배가 넘는 노력을 했을 것이 틀림없습니다.

그러나 어린이들에게 훌륭한 위인들의 이야기를 접하게 하면서 한 가지 주의해야 할 것이 있습니다.

바로 '위인이란 보통 사람과 달리 태어날 때부터 뛰어난 사람'으로 오해하지 않도록 해야 한다는 점입니다. 어린이들이 위인을 '자신과는 아주 먼 사람'으로 받아들여 미리 실망할 수도 있기 때문입니다.

몸이 불편하다는 장애를 가지고 있으면서도 끈질긴 노력과 가족들의 도움으로 어려움을 이겨 내고 인류에 공헌한 헬렌 켈러 이야기도 마찬가지입니다. 이 이야기를 통해 장애를 갖고 태어난 한 사람이 어떤 노력을 기울여 장애를 극복했는지를 살펴보게 하는 것이 좋을 것입니다.

이 책은 초등학교 저학년 어린이들이 지루하지 않게 읽을 수 있도록 짧게 엮었으며, 사건을 중심으로 대화체 문장을 많이 넣어 구성했습니다. 읽는 재미와 함께 이야기를 이해하며 흥미를 느끼게 하기 위해서입니다.

헬렌 켈러 이야기를 읽은 뒤, 어린이에게 하루 종일 말하지 않기, 일정 시간 동안 귀를 막거나 눈을 감은 채 있기를 시켜 보세요. 그리하여 장애를 직접 체험하고 느낀 점을 말하게 하는 것도 어린이들에게 훌륭한 공부가 될 것입니다.

헬렌 켈러는 생후 19개월 만에 보지도, 듣지도, 말하지도 못하는 장애를 갖게 되었습니다. 어린 헬렌 켈러는 마치 돌로 둘러싸인 캄캄한 감옥에 갇힌 기분이었을 것입니다.

그런 헬렌에게 설리번 선생님은 빛과 같은 사람이었습니다. 설리번 선생님은 자신의 입속에 손을 넣게 해 목젖의 떨림을 느끼게 하는 방법으로 헬렌 켈러를 가르쳤습니다. 진정한 사랑 없이는 할 수 없는 일이지요. 설리번 선생님의 이런 사랑 덕분에 헬렌은 소리를 내 말할 수 있게 되었습니다. 헬렌 켈러는 나이는 어렸지만 굳은 의지로 자신의 꿈을 이루어 나갔습니다.

온갖 어려움 끝에 보지도, 듣지도, 말하지도 못하는 고통을 이겨 낸 헬렌 켈러! 그녀는 자신의 어려움을 이겨 냈을 뿐 아니라 자신보다 더 어려운 사람들을 도우며 희망과 용기를 주었습니다.

꺾이지 않는 푸른 꿈과 믿음으로 온갖 어려움을 이겨 낸 헬렌 켈러의 이야기를 통해 어린이 여러분도 장애인들을 가까운 친구로 이해하고, 더 나아가 사랑하는 마음을 갖게 되기를 바랍니다.

글쓴이 이상교

차 례

안 보이고 안 들려

"마마, 마마."

갓 돌을 넘긴 여자아이가 엄마를 향해 넘어질 듯 넘어질 듯 하면서 걸어왔습니다.

"그래, 잘한다! 옳지, 한 발만 더!"

헬렌은 비틀거리는 걸음으로 엄마 품에 와락 안겼습니다. 엄마와 딸아이의 모습을 지켜보던 아빠가 웃는 얼굴로 말했습니다.

"하하하, 걸음마가 많이 늘었구려. 곧 혼자 걸어 다닐 수 있겠어!"

"걸음뿐 아니라 말도 곧잘 하는걸요!"

엄마인 켈러 부인도 활짝 웃으며 말했습니다.

그러나 이 기쁨은 오래가지 못했습니다.

6개월 뒤인 1882년 2월 어느 날, 이제 겨우 19개월을 넘긴 헬렌은 갑자기 온몸에 열이 오르더니 그만 쓰러지고 말았습니다.

"뇌척수막염입니다. 뇌와 위의 정맥이 막혔군요."

의사가 어두운 표정으로 말했습니다.

"치료가 어려운 병인가요?"

"지금으로서는 치료 방법이 없습니다. 마음의 준비를 하셔야 할 것 같습니다."

헬렌이 죽는다니! 켈러 부인은 귀를 틀어막고 싶었습니다. 그런데 이튿날 아침, 불덩이 같던 헬렌의 몸에서 열이 내렸습니다. 헬렌은 평소와 같이 새근새근 잠을 잤습니다.

그 뒤, 며칠에 걸쳐 헬렌은 조금씩 건강을 되찾아 갔습니다.

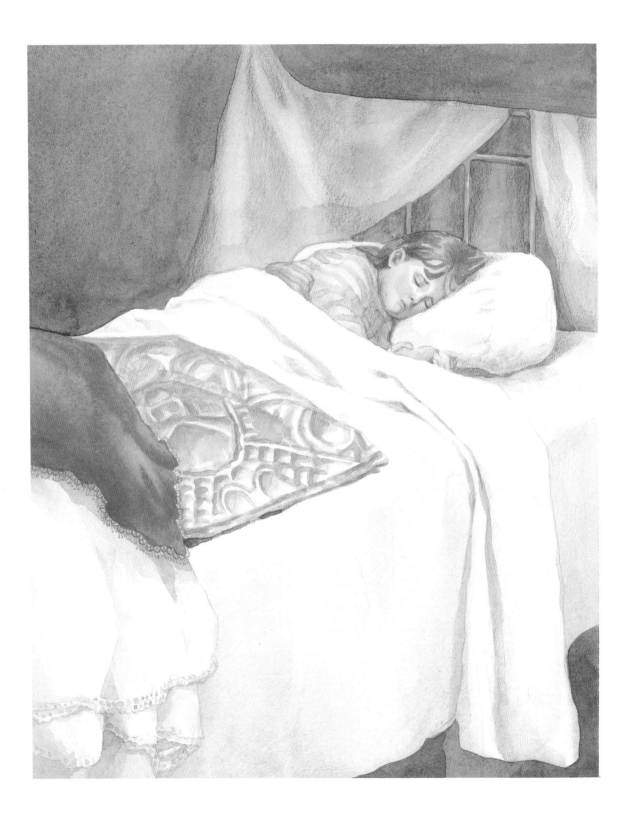

대부분 잠을 잤지만, 깨어 있는 동안에는 죽도 잘 먹고, 온몸에 울긋불긋 돋아났던 반점도 차츰 사라졌습니다.

'아이가 좀 이상해진 것 같긴 하지만 다행이야.'

아프기 전, 헬렌은 엄마만 보면 안아 달라고 팔을 뻗곤 했습니다. 그런데 이제는 엄마를 보고도 팔을 뻗지 않았습니다. 건드리지 않는 한 헬렌은 엄마를 돌아보지 않았습니다.

"헬렌! 헬렌!"

불안한 생각이 든 부인은 헬렌의 손을 잡고 흔들어 보았습니다.

"오, 하느님!"

놀란 켈러 부인은 다시 의사를 불러왔습니다.

"병은 나았지만, 이 아이는 아무것도 볼 수 없게 되었습니다. 소리도 들을 수 없습니다."

의사는 헬렌을 찬찬히 진찰하더니 이렇게 말했습니다.

"장님에 귀머거리라니!"

아이를 품에 안은 켈러 부부는 가슴이 찢어지는 것처럼 아팠습니다.

말을 익혀야 할 때가 되었지만, 헬렌은 아무것도 하지 못했습니다.

헬렌은 말을 하는 대신 몸짓으로 표현했습니다.

몸짓으로만 생각을 전하다 보니 헬렌은 곧잘 짜증을 냈습니다.

"아얏!"

헬렌이 집어던진 물건에 엄마와 아빠가 다치기도 했습니다.

그 무렵, 켈러 부인은 헬렌의 동생을 낳았습니다.

동생인 밀드레드는 헬렌보다 다섯 살이 어렸습니다.

어느 날, 헬렌은 가지고 놀던 인형을 요람에 눕히려다 깜짝 놀랐습니다. 밀드레드가 자기 인형의 요람에서 자고 있었던 것입니다.

헬렌은 화가 나서 요람을 마구 흔들었습니다. 그러자 놀란 밀드레드가 숨이 넘어갈 듯 울었습니다.

"헬렌! 그건 네 동생이야. 아기라고."

열심히 설명을 했지만 소용 없는 일이었습니다. 헬렌은 아기의 울음소리도, 엄마의 설명도 듣지 못했습니다.

'하느님, 왜 저에게 이토록 무거운 벌을 내리셨습니까?'

헬렌을 달래는 켈러 부인의 눈에 눈물이 방울방울 맺혔습니다.

희망을
찾아서

어느덧 헬렌은 여섯 살이 되었습니다.

"우리 헬렌을 도와줄 방법이 없을까요?"

켈러 부부는 헬렌을 위해 온 미국을 이 잡듯 뒤져 보았습니다. 하지만 보지도, 듣지도, 말하지도 못하는 아이를 보살펴 줄 유치원은 없었습니다.

"한 곳이 있긴 한데, 집에서 너무 멀어요."

켈러 부부가 지쳐 갈 때쯤 항구 도시인 볼티모어에서 반가운 소식이 들려왔습니다.

어떤 의사가 맹인 여자아이의 눈을 치료하여 볼 수 있게 해 주었다는 것이었습니다.

켈러 부인은 어쩌면 헬렌이 앞을 볼 수 있게 될지도 모른다는 기쁨에 가슴이 설레었습니다.

"당신이 볼티모어로 헬렌을 데려가 보세요!"

켈러 씨는 헬렌을 데리고 볼티모어로 달려갔습니다. 의사는 헬렌의 눈을 치료할 수 있는지 알아보려고 여러 검사를 했습니다.

의사가 켈러 씨에게 말했습니다.

"애석하게도 따님은 시각을 담당하는 신경에 손상을 입어 고칠 수가 없군요."

실망한 켈러 씨가 고개를 떨구자 의사는 다시 말을 이었습니다.

"교육 기관은 알아보셨나요? 따님에게 필요한 것은 장애를 안고도 당당하게 살아갈 수 있도록 가르치는 것이라고 생각됩니다."

"글쎄요……. 알아보기는 했지만 헬렌처럼 보지도, 듣지도, 말하지도 못하는 아이를 가르치는 학교는 없었습니다."

"그렇지! 벨 박사를 찾아가 보십시오. 그는 전화기를 만든 사람으로도 유명하지만, 오랫동안 장애아 교육에 힘써 온 분이기도 합니다."

"그렇습니까? 그분은 어디 계신가요?"

켈러 씨가 물었습니다.

"워싱턴에 계시니까 댁으로 가시는 길에 들러 보시는 것이 좋겠군요. 제가 소개장을 써 드리겠습니다."

켈러 씨는 그길로 헬렌과 함께 워싱턴으로 갔습니다.

"안녕?"

평소에는 낯선 사람에게 잘 안기지 않는 헬렌이었지만, 벨 박사에게는 달랐습니다.

"귀여운 아이로군요."

벨 박사가 웃는 얼굴로 말했습니다.

"그렇지만 성미가 보통이 아니랍니다. 한번 틀어지면 집 안이 들썩거릴 정도지요."

켈러 씨의 말에 벨 박사가 고개를 끄덕였습니다.

23

"세상을 향한 창이 모두 닫혀 있으니 얼마나 답답하겠습니까? 그나마 불만이라도 표현할 수 있으니 다행이라고 생각해야지요. 그건 아직 기대해 볼 만한 여지가 남아 있다는 뜻 아니겠습니까?"

"맞습니다. 헬렌은 장애를 가진 아이치고는 건강하고 활달한 편이지요."

모처럼 마음이 편해진 켈러 씨가 대답했습니다.

"이 정도면 충분합니다. 이 아이의 건강한 영혼에 지식의 씨앗을 뿌리기만 하면 되겠습니다."

벨 박사는 켈러 씨에게 퍼킨스 맹아 학교를 소개해 주었습니다. 하우 박사가 세운 미국 최초의 맹아 학교인데, 그곳에 헬렌을 가르칠 교사가 있을 거라고 했습니다.

벨 박사의 말에 켈러 씨는 집으로 돌아가자마자 용기를 내어 퍼킨스 맹아 학교에 편지를 보냈습니다.

하우 박사는 이미 세상을 떠나고 없지만, 시각과 청각에 장애를 가진 사람을 어떤 방법으로 가르쳤는지 알고 있는 가정

교사를 보내 달라는 내용이었습니다.

　퍼킨스 맹아 학교에서 곧 답장이 왔습니다.

　적당한 사람이 나타나기는 했는데, 준비할 것이 몇 가지 있
으니 기다리라는 것이었습니다.

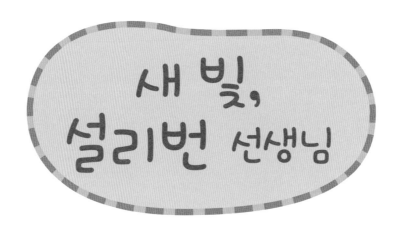

새 빛,
설리번 선생님

　1887년 3월 3일, 헬렌이 일곱 번째 생일을 맞기 석 달 전이 었습니다.

　켈러 부인은 집을 나서더니 마차를 타고 어디론가 갔다가 해 질 무렵이 되어서야 돌아왔습니다.

　"이쪽으로 오세요."

　켈러 부인을 따라 어떤 젊은 여자가 마차에서 내렸습니다. 그 사람은 병원에서 눈 치료를 받고 돌아온 애니 설리번이있 습니다.

설리번은 다섯 살 때 시력이 나빠지는 병에 걸렸는데, 치료를 받아 지금은 조금 좋아진 상태였습니다.

두 사람이 함께 현관 계단을 올라오자 헬렌이 기척(누가 있는 줄을 짐작하여 알 만한 소리나 기색)을 느끼고 한쪽 팔을 내밀었습니다.

"헬렌, 인사하렴."

엄마는 헬렌의 손을 설리번 선생님의 손바닥 위에 올려놓았습니다.

설리번이 품에 안아 주자 헬렌은 선생님의 얼굴과 옷을 손으로 더듬었습니다. 그러더니 설리번의 손가방을 빼앗으려 했습니다.

"헬렌, 그러면 못써!"

켈러 부인이 말렸으나, 헬렌은 오히려 엄마를 발로 마구 걷어찼습니다.

"이 아이가 글쎄 이렇답니다."

켈러 부인이 민망해하자 설리번은 헬렌에게 다가갔습니다. 그리고 자신이 차고 있던 손목시계를 풀어 헬렌의 손에 쥐어 주었습니다.

그러자 헬렌은 시계 초침이 돌아가면서 손바닥에 전해지는 떨림을 느꼈는지 조용해졌습니다.

설리번 선생님은 그런 헬렌을 찬찬히 살펴보더니 고개를 끄

덕였습니다.

'호기심이 많고 집중력이 강한 것 같군. 다행이야.'

다음 날 아침, 설리번 선생님은 헬렌에게 인형 하나를 주었습니다.

"헬렌, 이건 너에게 주는 선물이란다."

그런 다음 헬렌의 손바닥에 자신의 손을 대고 손가락을 구부렸다 폈다 했습니다. 그것은 청각 장애를 가진 사람이 '인형'을 말할 때 쓰는 손짓말이었습니다.

그러나 헬렌은 인형을 가지고 노느라 손가락으로 하는 말에는 신경을 쓰지 않았습니다.

'좋은 방법이 없을까?'

선생님은 헬렌한테서 인형을 빼앗았습니다.

그런 다음 헬렌이 인형을 되찾으려고 덤벼들 때, 헬렌의 손바닥에 다시 '인형'이라는 손짓말을 알려 주었습니다.

이것을 여러 차례 되풀이하자 헬렌은 설리번 선생님의 손바닥에 자기 손을 올려놓고 그 움직임을 흉내 냈습니다.

그러나 헬렌은 그 손짓말이 '인형'을 가리키는 말이라는 것은 알지 못했습니다.

"이건 핀이고, 이건 모자, 그리고 이건 컵이란다."

설리번 선생님이 아무리 여러 번 반복해서 알려 주어도 헬렌은 물체의 이름과 동작, 상태 등을 연결지어 생각하지 못했습니다.

'어떻게 해야 헬렌이 말을 깨우칠까?'

그러나 헬렌이 말보다 먼저 익혀야 할 것이 있었습니다.

'헬렌의 나쁜 버릇부터 고쳐야 해.'

설리번 선생님이 온 뒤 헬렌은 명랑해졌지만, 고집을 피우는 버릇은 여전했습니다.

공부를 하다가 조금만 지겨워져도 발딱 일어났습니다.

"안 돼, 헬렌. 아직 안 끝났어."

선생님이 붙잡으면 헬렌은 가족들에게 하듯 주먹질과 발길질을 해 댔습니다.

'보지도, 듣지도 못한다고 예의 없이 자라도록 내버려 둘 수

는 없어. 그런 사람은 세상이 받아 주지 않아. 헬렌이 세상에 나가 바르고 당당하게 살아갈 수 있도록 가르쳐야 해!'

설리번 선생님은 결심을 굳히고 켈러 부인에게 말했습니다.

"당분간 헬렌과 단둘이 지냈으면 좋겠습니다."

"선생님 생각이 그러시다면 따르겠습니다."

넓고 큰 집의 안채에서 지내던 설리번 선생님과 헬렌은 조금 멀리 떨어져 있는 별채로 옮겨 갔습니다.

"으아! 으아! 으아아아!"

별채에 선생님과 단둘이 있게

되자 헬렌은 버둥거리며 비명을 질러 댔습니다. 그러다가 기운이 빠지면 인형을 안고 한쪽 구석에 가만히 웅크리고 앉아 있었습니다.

'선생님한테 맞서 봐야 소용이 없구나……'

헬렌이 이 사실을 깨닫게 되자 선생님은 헬렌과 함께 본채로 돌아왔습니다.

어느 날, 선생님은 헬렌을 데리고 정원으로 나갔습니다. 봄이 무르익어 햇살이 따사롭고 바람도 부드러웠습니다.

마침 누군가가 물통을 대 놓고 펌프질을 하고 있었습니다. 설리번 선생님은 헬렌의 손을 물통에 대 주었습니다.

"이게 물이란다."

선생님은 헬렌이 듣지 못한다는 것을 알면서도 헬렌의 손 위에 물이 쏟아지게 하면서 이렇게 말했습니다. 그리고 헬렌의 다른 손에 '물'이라는 손짓말을 썼습니다.

'이게 물!'

헬렌은 마침내 자기 손 위를 미끄러지듯 흐르는 이 차가운

헬렌 켈러 생가 | 태어난 지 19개월 만에 볼 수도, 들을 수도, 말할 수도 없게 된 헬렌 켈러가 태어난 집입니다.

것이 '물'이라는 사실을 깨달았습니다.

'아, 세상 모든 것에는 이름이 있구나!'

헬렌은 설리번 선생님의 팔을 끌어당겨 물통을 짚고는 손바닥을 내밀었습니다. 선생님은 헬렌의 손바닥에 손짓말로 '물통'을 써 주었습니다.

집으로 돌아오는 길에 헬렌은 손에 닿는 모든 것마다 선생님에게 손바닥을 내밀어 무엇인지 물었습니다.

▶헬렌 켈러의
모습이 새겨져 있는
25센트짜리 미국 동전.

▲헬렌 켈러 탄생 100주년 기념 우표 | 헬렌 켈러와
설리번 선생님의 다정한 모습이 담겨 있습니다.

▲헬렌 켈러의 대학교 졸업 장면이 그려진 1980년
경의 모리셔스 우표

39

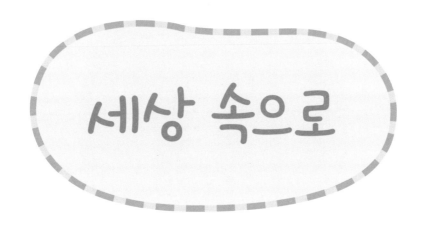

세상 속으로

'더 많이 알고 싶어요!'

손짓말을 깨닫게 되자 헬렌은 공부를 아주 열심히 하게 되었습니다.

마침내 점자(시각 장애인들이 손으로 더듬어 읽도록 만든 글자)를 익히게 된 헬렌은 마른땅이 물을 빨아들이듯 하루가 다르게 발전해 갔습니다.

헬렌이 점점 나아지자 설리번 선생님은 퍼킨스 맹아 학교에 편지를 보냈습니다.

41

"대단하군요!"

편지를 읽은 퍼킨스 맹아 학교의 교장 애너그노스 씨는 헬렌의 이야기를 책으로 펴내 세상에 알렸습니다.

1888년 봄, 여덟 살이 된 헬렌은 설리번 선생님을 따라가 보스턴의 퍼킨스 맹아 학교에 입학했습니다.

그러나 퍼킨스 맹아 학교의 다른 아이들은 단지 볼 수만 없을 뿐 자유롭게 듣고 말할 수 있었습니다.

따라서 보지도, 듣지도, 말하지도 못하는 헬렌은 친구들과 떨어져서 공부해야 했습니다.

'아, 나도 말을 할 수 있다면……. 이야기를 할 수만 있다면…….'

헬렌은 '말'이라는 것을 할 수 있는 친구들이 너무도 부러웠습니다. 아무도 없는 곳에서 소리 내는 시늉을 하다가 운 적도 한두 번이 아니었습니다.

시간이 지나 마침내 헬렌은 설리번 선생님에게 손짓말로 이야기를 건넬 수 있게 되었습니다.

'선생님, 저도 말하는 법을 배우고 싶어요!'

"그래, 우리 한번 해 보자."

얼마 지나지 않아 헬렌은 설리번 선생님의 소개로 보스턴 호레이스만 농아 학교의 풀러 선생님을 만나게 되었습니다.

"손을 내 얼굴에 갖다 대렴. 내가 소리를 내면 내 혀와 입술이 어떻게 움직이는지 기억해 두었다가 따라 하는 거다. 처음에는 힘들겠지만, 열심히 하면 말을 할 수 있게 될 거야."

풀러 선생님이 손짓말로 이야기하자 헬렌은 고개를 끄덕였습니다. 그리고 팔을 뻗어 풀러 선생님의 얼굴에 손을 갖다 댔습니다.

"에이! 에이!"

풀러 선생님은 알파벳의 첫 번째 글자인 에이(A)를 되풀이하여 소리 냈습니다. 헬렌은 선생님의 입술과 혀의 움직임을 손으로 알아낸 다음, 선생님을 따라 소리를 냈습니다.

"허! 허!"

헬렌의 입에서 아주 거칠고도 높은 소리가 흘러나왔습니다.

헬렌 켈러 밀랍 인형 | 헬렌 켈러의 생전 모습을 본뜬 밀랍 인형으로, 미국 뉴욕 마담 투소 박물관에 전시되어 있습니다.

그렇게 한 시간이 넘도록 연습했지만, 헬렌의 목에서는 줄곧 괴상한 소리만 나왔습니다.

"헬렌, 내가 소리를 내 볼 테니 내 입안으로 손을 넣어 목젖을 만져 보아라."

헬렌의 노력에 감동한 설리번 선생님은 이렇게 말했습니다. 헬렌은 혼자 있을 때도 쉬지 않고 소리 내는 연습을 했습니다.

시간이 지나 헬렌은 여름 방학을 맞아 고향인 터스컴비아로 돌아오게 되었습니다.

역에 도착하자 헬렌은 선생님의 손을 잡고 기차에서 내렸습니다. 엄마와 아빠, 그리고 동생 밀드레드가 플랫폼(역이나 정거장에서 기차를 타고 내리는 곳)에 나와 있다가 두 사람을 보고 달려왔습니다.

"많이 컸구나, 헬렌!"

엄마는 눈물이 그렁그렁해져서 말했습니다.

"어…… 머…… 이……, 자……, 지…… 내…… 셔…… 어 …… 요…….''

헬렌이 천천히, 더듬더듬 말했습니다.

"오, 헬렌!"

어머니는 기쁨의 눈물을 흘렸습니다. 설리번 선생님도 돌아서서 조용히 눈물을 닦았습니다.

세월이 흘러 헬렌은 장애가 없는 사람들도 들어가기 어려운 하버드 대학교에 입학하게 되었습니다. 이 일로 절망에 빠져 있던 사람들은 나도 할 수 있다는 희망을 가질 수 있게 되었습니다. 그러나 막상 대학에 들어가 보니 어려운 일이 너무도 많았습니다. 공부할 내용은 많았지만, 장애인을 위한 학습 도구들은 전혀 준비되어 있지 않았습니다.

어느 날, 영문학을 담당하는 코플러 교수가 헬렌에게 말했습니다.

　"헬렌 양은 글을 잘 쓰
는 재능을 타고난 듯하군요. 그런
데 한 가지 이상한 점은, 헬렌 양의 글을 읽고
있으면 헬렌 양이 보지도, 듣지도, 말하지도 못한다는
사실이 믿어지질 않아요. 왜 그런 걸까요? 나는 헬렌 양이 자
신의 특별한 경험을 소중하게 여겼으면 해요."

코플러 교수의 이야기를 들은 헬렌은 순간 정신이 번쩍 들었습니다.

'나는 그동안 장애가 없는 사람들과 똑같아질 수 있는 방법만 생각하고 있었구나!'

생각은 꼬리를 물고 이어졌습니다.

'그래! 이제라도 보지 못하고, 듣지 못하는 나의 장애를 인

정하고, 그 안에서 할 수 있는 일을 찾아보자.'

이렇게 생각하자 마음이 날아갈 듯 가벼워졌습니다.

이날 이후 헬렌은 모든 면에서 남보다 뛰어나다는 것을 보여 주기 위해 헛되이 애쓰지 않았습니다.

헬렌은 장애를 가진 사람으로서 자신이 걸어온 길과 자신이 살고 있는 세상에 대해 글을 썼습니다.

바로 『나의 일생』과 『내가 사는 세상』이었습니다.

'장애인들은 괴물이야!'

'모자란 사람들이니 상대하지 말아야 해.'

헬렌의 책은 이런 생각을 하는 사람들에게 장애인에 대한 편견의 벽을 허물게 해 주었습니다.

처음에는 그다지 큰 반응이 없었던 헬렌의 책은 날이 갈수록 빛을 더해 갔습니다.

"장애인들에게는 희망과 기대를, 일반 사람들에게는 장애인에 대한 이해를 돕게 하는 좋은 책이야!"

헬렌의 책은 독자들의 가슴에 사랑을 심어 주었습니다.

굳은 의지

짓누르던 마음의 짐을 벗어 책으로 펴낸 헬렌은 세상을 향해 마음의 문을 활짝 열었습니다.

그러나 헬렌이 마냥 행복한 것만은 아니었습니다.

그 무렵, 미국은 하루가 다르게 바뀌고 있었습니다.

과학 기술은 미국의 산업을 발달시켰으며, 더불어 곳곳에 큰 도시가 생겨났습니다.

그러자 가난한 사람들은 일자리를 찾아 도시로 몰려들었습니다. 다른 곳에서 옮겨 와 사는 사람들이 대부분인 그들은 더

럽고 지저분한 곳에서 그들끼리 마을을 이루고 살았습니다. 그들은 어른부터 어린아이에 이르기까지 모두 공장에 나가 새벽부터 밤늦게까지 일했습니다. 하지만 일을 하려는 사람은 많고 일자리는 적어 품삯(일한 대가로 주는 돈)이 무척 쌌습니다.

"하루 종일 일하는데 먹고살기는 힘이 드니……."

더러운 환경에서 제대로 먹지도 못하고 힘들게 일만 하다 보니 그들은 쉽게 전염병에 걸리곤 했습니다. 전염병은 사람의 목숨을 빼앗기도 했습니다. 다행히 살아서 병이 낫더라도 시력과 청력을 잃는 경우가 많았습니다.

'어떻게 해야 이 지독한 가난과 질병으로부터 벗어날 수 있을까?'

헬렌은 신문을 읽을 때마다 마음이 아팠습니다.

마침내 1912년, 매사추세츠 주 로렌스 지방에서 섬유 공장의 어린 노동자들이 임금을 올려 달라고 시위를 벌였습니다. 어린 노동자들은 피켓(어떤 주장을 알리기 위해 그 내용을 적어서

들고 다니는 자루 달린 널빤지)을 높이 쳐들고 노래를

부르며 평화롭게 거리를 행진했습니다.

그런데 경찰은 공장의 사장에게 몰래 돈을 받고 그들에게
몽둥이를 휘둘렀습니다.
이 사실은 신문을 통해 미국 전체에 알려졌습니다.
'어린아이들에게 몽둥이를 휘두르다니!'

헬렌은 치를 떨며 여러 신문에 노동자들의 주장에 찬성하는 글을 싣고, 어린이와 여성 노동자들을 보호해야 한다고 부르짖었습니다. 그러자 사람들은 "헬렌 켈러는 이 시대의 진정한 천사다!"라며 박수를 쳤습니다.

그러나 어떤 사람들은 "볼 수도, 들을 수도 없는 장애를 가진 사람이 어떻게 세상 물정에 대해 이러쿵저러쿵 말할 수 있단 말인가?" 하면서 비난했습니다.

'사람들이 가난하고 버림받은 노동자들에게 관심만 갖게 된다면 나는 어떤 욕을 들어도 괜찮아!'

헬렌은 여성 문제와 어린이의 노동 문제에 대한 주장을 굽히지 않았습니다.

그 무렵 세계는 전쟁의 소용돌이에 빠져들고 있었습니다. 제1차 세계 대전이 일어난 것이었습니다. 헬렌은 전쟁이란 인류에 대한 범죄 행위라고 생각했습니다.

아, 헬렌!

헬렌이 평생을 두고 가장 열심히 일한 분야는 장애인을 위한 복지 사업이었습니다.

'장애인들은 몸이 불편해서 다른 사람의 도움 없이는 살아가기 힘들어. 나 역시 줄곧 가족들과 설리번 선생님의 도움으로 살아가고 있지 않은가.'

그러나 사람들은 어려운 시대를 살고 있었기에 장애인들에게 관심을 기울이지 않았습니다.

"볼 수도, 들을 수도, 말할 수도 없는 사람들도 다른 사람들과 마찬가지로 떳떳하게 살아가고 싶어합니다. 장애인이라고 학교에 다닐 수 없는 걸까요? 장애인들은 취직을 하려고 해도 받아 주는 직장이 없습니다. 여러분, 일반 학교를 세우는 것이 중요한 것처럼 장애인을 위한 학교를 세우는 것도 중요합니다. 그리고 장애인에게 일자리를 나누어 주십시오!"

헬렌은 건강한 사람들에게 장애인에 대한 사랑과 관심을 호소했습니다.

한편으로는 틈만 나면 장애인 시설을 찾아가 자신이 걸어온 길을 이야기해 주며 용기를 북돋웠습니다.

"눈이 있다고 해서 반드시 세상을 바로 보는 것은 아닙니다. 귀가 있다고 해서 모든 소리를 똑바로 들을 수 있는 것도 아닙니다. 중요한 것은 마음의 눈과 귀를 갖는 것이지요. 용기와 희망을 가지고 착한 마음으로 살아간다면 어떤 좌절과 어려움도 뛰어넘을 수 있을 것입니다.”

헬렌의 이런 호소에 힘입어 1921년 미국에 시각장애인 협회가 세워졌습니다.

그러자 헬렌은 협회 활동 기금을 마련하기 위해 발 벗고 나섰습니다.

그리고 장애인들에게 도움을 주기 위해 영화에도 출연하고, 무대 공연도 마다하지 않았습니다.

"장애를 가진 몸으로 광대짓까지 하다니. 쯧쯧쯧……."

헬렌을 보고 손가락질을 하는 사람들도 있었습니다.

그러나 헬렌은 상관하지 않았습니다.

'나보다 어려운 사람들을 돕기 위해 무대에 서는 것은 부끄러운 일이 아니야. 장애인들을 위해 무언가 할 수 있다면 난 구경거리가 되어도 상관없어.'

이 일로 미국 시각장애인협회는 나날이 발전하였습니다. 1940년대 이후에는 가난한 다른 나라의 장애인까지 도울 수 있게 되었습니다.

헬렌은 예순이 넘은 나이에도 시각장애인협회의 대사가 되어 세계를 누비고 다녔습니다. 불편한 몸으로 지구를 아홉 바퀴 도는 것과 맞먹는 거리를 여행했습니다. 그렇게 세상 사람

들의 가슴에 장애인에 대한 이해와 온정의 불을 지폈습니다.

　50여 년이 넘도록 장애인 복지를 위해 열심히 일하던 헬렌은 1961년 10월, 건강이 나빠져 쓰러지고 말았습니다.

　부모님과 설리번 선생님이 세상을 떠나고, 헬렌의 비서이자 평생의 동반자로 입과 귀가 되어 주던 폴리 톰슨마저 세상을 떠난 뒤였습니다.

　"장애를 이기는 것도 힘들었지만, 장애인들의 행복을 위해 뛰어다니는 일 역시 쉽지는 않았습니다."

1968년 6월 1일, 장애인에 대한 사랑으로 불타올랐던 헬렌은 여든여덟 살의 나이로 영혼의 나라로 머나먼 여행을 떠났습니다. ❁

연 대	발 자 취
1880년(0세)	미국 앨라배마 주 터스컴비아에서 태어나다.
1882년(2세)	생후 19개월 만에 열병으로 보지도, 듣지도, 말하지도 못하게 되다.
1886년(6세)	헬렌 켈러의 아버지가 벨 박사를 만나다.
1887년(7세)	설리번 선생님이 가정 교사로 터스컴비아에 오다.
1888년(8세)	설리번 선생님과 함께 퍼킨스 맹아 학교에 가다.
1890년(10세)	풀러 선생님에게 소리 내어 말하는 법을 배우다.
1893년(13세)	라이트 휴메이슨 구화 학교에서 말하기와 듣기를 공부하다.
1896년(16세)	케임브리지 여학교에 입학하다.
1897년(17세)	하버드 대학교 여자 학부 래드클리프의 예비고사에 합격하다. 건강 문제로 케임브리지 여학교를 그만두고 혼자서 대학 입학을 위한 본고사를 준비하다.
1900년(20세)	래드클리프에 입학하다.
1903년(23세)	『나의 일생』을 펴내다.
1904년(24세)	하버드 대학교를 졸업하다.
1906년(26세)	매사추세츠 주 시각장애인위원회에서 일하다.
1908년(28세)	『내가 사는 세상』을 펴내다.
1912년(32세)	로렌스 파업을 공개적으로 지지하다.
1913년(33세)	뉴저지 주 몽클레어에서 첫 강연을 하다.
1914년(34세)	미국 전역을 돌며 장애인 복지를 위해 강연하다.
1916년(36세)	전쟁 반대 운동을 벌이다.
1918년(38세)	영화 「구원」에 출연하다.
1920년(40세)	미국 전역을 돌며 강연하다.
1924년(44세)	미국 시각장애인협회의 기금 마련을 위해 일하다.
1936년(56세)	설리번 선생님이 죽다.
1937년(57세)	일본을 돌며 강연하다.
1942년(62세)	군 병원을 돌며 전쟁터에서 부상을 입은 군인들을 위로하다.
1951년(71세)	캐나다, 영국, 스코틀랜드, 유고슬라비아, 일본, 한국, 남아프리카 공화국 등지를 돌며 강연하다.
1961년(81세)	건강이 악화되어 쓰러지다.
1968년(88세)	미국 코네티컷의 자택에서 고요히 눈을 감다.

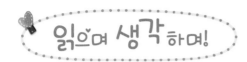

1. 헬렌 켈러는 태어나 19개월 되었을 때 병을 앓고 보지도, 듣지도, 말하지도 못하게 됩니다. 이러한 헬렌을 헌신적으로 돌보아 한 사람의 사회인으로 당당히 서게 해 준 사람은 누구인가요?

_____

_____

_____

2. 헬렌은 장애인으로서 자신이 걸어온 길과 자신이 사는 세상에 대해 책을 펴냈습니다. 헬렌이 쓴 책 두 가지를 적어 보세요.

> 이 날 이후 헬렌은 모든 면에서 남보다 뛰어나다는 것을 보여 주기 위해 헛되이 애쓰지 않았습니다.
>
> 헬렌은 장애를 가진 사람으로서 자신이 걸어 온 길과 자신이 살고 있는 세상에 대해 글을 썼습니다.
>
> 바로 『나의 일생』과 『내가 사는 세상』이었습니다.
>
> 헬렌의 책은 사람들에게 장애인에 대한 편견의 벽을 허물게 해 주었습니다.

_____

_____

_____

3. 헬렌 켈러에게 소리를 내어 말하는 법을 가르쳐 준 사람은 설리번 선생님이었습니다. 설리번 선생님의 교육 방법을 적어 보세요.

_____

_____

4. 1912년 '로렌스 사건'으로 불리는 노동자들의 평화 시위에 경찰들은 몽둥이로 맞섰습니다. 이 사건 이후 헬렌이 펼친 주장을 말해 보세요. 그리고 헬렌의 주장을 보고 느낀 점을 적어 보세요.

> 매사추세츠 주 로렌스 지방에서 섬유 공장의 어린 노동자들이 임금을 올려 달라고 시위를 벌였습니다. 어린 노동자들은 피켓(어떤 주장을 알리기 위해 그 내용을 적어서 들고 다니는 자루 달린 널빤지)을 높이 쳐들고 노래를 부르며 평화롭게 거리를 행진했습니다. 그런데 경찰은 공장의 사장에게 몰래 돈을 받고 그들에게 몽둥이를 휘둘렀습니다.

_____

_____

_____

_____

5. 제1차 세계 대전 이후 살기가 어려워지자 사람들은 장애인에게 관심을 기울이지 않았습니다. 그러나 헬렌은 장애인에 대한 사랑과 관심을 호소하며 여러 가지 활동을 벌였습니다. 헬렌이 장애인 복지 사업으로 한 일과 그 일이 장애인들에게 끼친 영향을 써 보세요.

"볼 수도, 들을 수도, 말할 수도 없는 사람들도 다른 사람들과 마찬가지로 떳떳하게 살아가고 싶어합니다. 장애인이라고 학교에 다닐 수 없는 걸까요? 장애인들은 취직을 하려고 해도 받아 주는 직장이 없습니다. 여러분, 일반 학교를 세우는 것이 중요한 것처럼 장애인을 위한 학교를 세우는 것도 중요합니다. 그리고 장애인에게 일자리를 나누어 주십시오!"

6. 장애를 딛고 일어선 헬렌 켈러의 이야기를 읽고 느낀 점을 적어 보세요.

풀이

1. 설리번 선생님.

2. 『나의 일생』과 『내가 사는 세상』.

3. 예시 : 설리번 선생님은 말을 할 때 헬렌 켈러에게 자신의 입속에 손을 넣어 목젖의 떨림을 손으로 느끼게 하였다.

4. 예시 : 헬렌은 노동자들의 주장에 찬성하는 글을 여러 신문에 실었다. 그리고 불리한 조건으로 일하면서 피해를 입고 있는 어린이들의 노동 문제를 해결해 야 한다고 주장했다. 아무도 장애인에게 관심을 기울이지 않고 있을 때 장애 인인 헬렌이 나서서 이러한 주장을 펼친 것이다. 불쌍한 사람들에게 따뜻한 마음을 가지고, 잘못된 점을 바로잡고자 애쓴 용기는 우리가 본받아야 할 점 이라고 느꼈다.

5. 예시 : 헬렌은 장애인들을 돕기 위해 영화에 출연하고 무대에도 올라 공연을 했다. 장애인인 주제에 광대짓까지 한다며 손가락질을 하는 사람들도 있었지 만, 헬렌은 장애인들을 돕는 일이라면 어떤 일도 마다하지 않았다. 이러한 헬 렌의 노력 덕분에 1921년, 미국 시각장애인협회가 세워졌다. 그리고 헬렌의 적극적인 활동으로 미국 시각장애인협회는 미국뿐 아니라 가난한 다른 나라 의 장애인까지 돕는 단체로 발전하였다. 그리하여 지금은 전 세계적으로 장 애인에 대한 사랑과 도움의 손길을 전하게 되었다.

6. 예시 : 헬렌 켈러는 말할 수도, 들을 수도, 볼 수도 없는 장애인이었다. 그러 나 자신의 장애를 극복하고, 책도 쓰고, 연설도 하고, 어렵고 힘든 사람들의 편에 서서 그들을 돕는 일을 했다. 나는 몸 어느 곳 하나 불편한 곳 없이 건강 하게 엄마 아빠의 보살핌을 받으면서 살고 있다. 그런데도 다른 친구네 집은 우리 집보다 더 크고 좋은데 우리 집은 이게 뭐냐면서, 내 자신이 불행하다고 생각했다. 하지만 헬렌 켈러의 이야기를 읽고, 다른 그 무엇보다도 몸이 건강 하여 불편한 곳이 없다는 게 얼마나 행복한 일인지 깨달았다.

한국사 연표 (위)

최무선 (1328~1395)
황희 (1363~1452)
세종대왕 (1397~1450)
장영실 (?~?)
신사임당 (1504~1551)
이이 (1536~1584)
허준 (1539~1615)
유성룡 (1542~1607)
한석봉 (1543~1605)
이순신 (1545~1598)
오성과 한음 (오성 1556~1618 / 한음 1561~1613)

광개토태왕 (374~412)
연개소문 (?~666)
을지문덕 (?~?)
김유신 (595~673)
대조영 (?~719)
장보고 (?~846)
왕건 (877~943)
강감찬 (948~1031)

고구려 살수대첩 (612)
신라 삼국통일 (676)
견훤 후백제 건국 (900)
궁예 후고구려 건국 (901)
고려 강화로 도읍 옮김 (1232)
개경 환도, 삼별초 대몽항쟁 (1270)
문익점 원에서 목화씨 가져옴 (1363)
최무선 화약 만듦 (1377)
조선 건국 (1392)
임진왜란 (1592~1598)
허준 동의보감 완성 (1610)
병자호란 (1636)
상평통보 전국 유통 (1678)

고조선 건국 (B.C. 2333)
철기문화 보급 (B.C. 300년경)
고조선 멸망 (B.C. 108)
고구려 불교 전래 (372)
신라 불교 공인 (527)
대조영 발해 건국 (698)
장보고 청해진 설치 (828)
왕건 고려 건국 (918)
귀주대첩 (1019)
윤관 여진 정벌 (1107)
조선 건국 (1392)
훈민정음 창제 (1443)
한산도 대첩 (1592)

| B.C. | 선사 시대 및 연맹 왕국 시대 | A.D. 삼국 시대 | 698 남북국 시대 | 918 | 고려 시대 | 1392 |

| 2000 | 500 | 400 | 300 | 100 | 0 | 300 | 500 | 600 | 800 | 900 | 1000 | 1100 | 1200 | 1300 | 1400 | 1500 | 1600 |

| B.C. | 고대 사회 | A.D. 375 | 중세 사회 | 1400 |

세계사 연표 (아래)

중국 황하문명 시작 (B.C. 2500년경)
인도 석가모니 탄생 (B.C. 563년경)
알렉산더 대왕 동방원정 (B.C. 334)
크리스트교 공인 (313)
게르만민족 대이동 시작 (375)
로마 제국 동서로 분열 (395)
수나라 중국 통일 (589)
이슬람교 창시 (610)
수 멸망 당나라 건국 (618)
러시아 건국 (862)
거란 건국 (918)
송 태종 중국 통일 (979)
제1차 십자군 원정 (1096)
테무친 몽골 통일 칭기즈 칸이 됨 (1206)
원 제국 성립 (1271)
원 멸망 명 건국 (1368)
잔 다르크 영국군 격파 (1429)
구텐베르크 금속활자 발명 (1450)
코페르니쿠스 지동설 주장 (1543)
도요토미 히데요시 일본 통일 (1590)
독일 30년 전쟁
영국 청교도 혁명 (1642~164)
뉴턴 만유인력의 법칙 발견 (1665)

석가모니 (B.C. 563?~B.C. 483?)
예수 (B.C. 4?~A.D. 30)
칭기즈 칸 (1162~1227)

정약용
(1762~1836)

김정호
(?~?)

주시경
(1876~1914)

김구
(1876~1949)

안창호
(1878~1938)

안중근
(1879~1910)

우장춘
(1898~1959)

방정환
(1899~1931)

유관순
(1902~1920)

윤봉길
(1908~1932)

이중섭
(1916~1956)

백남준
(1932~2006)

이태석
(1962~2010)

이승훈
천주교
전도
(1784)

최제우
동학
창시
(1860)

김정호
대동여
지도
제작
(1861)

강화도
조약
체결
(1876)

지석영
종두법
전래
(1879)

갑신
정변
(1884)

동학
농민
운동,
갑오
개혁
(1894)

대한
제국
성립
(1897)

을사
조약
(1905)

헤이그
특사
파견,
고종
퇴위
(1907)

한일
강제
합방
(1910)

3·1
운동
(1919)

어린이날
제정
(1922)

윤봉길·
이봉창
의거
(1932)

8·15
광복
(1945)

대한
민국
정부
수립
(1948)

6·25
전쟁
(1950~1953)

10·26
사태
(1979)

6·29
민주화
선언
(1987)

서울
올림픽
개최
(1988)

북한
김일성
사망
(1994)

의약
분업
실시
(2000)

조선 시대	1876 개화기	1897 대한 제국	1910 일제 강점기	1948 대한민국

1700	1800	1850	1860	1870	1880	1890	1900	1910	1920	1930	1940	1950	1970	1980	1990	2000

근대 사회	1900 현대 사회

미국
독립
선언
(1776)

프랑스
대혁명
(1789)

청·영국
아편
전쟁
(1840~1842)

미국
남북
전쟁
(1861~1865)

베를린
회의
(1878)

청·
프랑스
전쟁
(1884~1885)

청·일
전쟁
(1894~1895)

헤이그
평화
회의
(1899)

영·일
동맹
(1902)

러·일
전쟁
(1904~1905)

제1차
세계
대전
(1914~1918)

세계
경제
대공황
시작
(1929)

제2차
세계
대전
(1939~1945)

태평양
전쟁
(1941~1945)

국제
연합
성립
(1945)

소련
세계
최초
인공위성
발사
(1957)

제4차
중동
전쟁
(1973)

소련
아프가니
스탄
침공
(1979)

미국
우주
왕복선
콜럼비아
호 발사
(1981)

독일
통일
(1990)

유럽
11개국
단일
통화
유로화
채택
(1998)

미국
9·11
테러
(2001)

워싱턴
(1732~1799)

페스탈
로치
(1746~1827)

모차
르트
(1756~1791)

나폴
레옹
(1769~1821)

링컨
(1809~1865)

나이팅
게일
(1820~1910)

파브르
(1823~1915)

노벨
(1833~1896)

에디슨
(1847~1931)

가우디
(1852~1926)

라이트
형제
(형. 윌버
1867~1912 /
동생. 오빌
1871~1948)

마리
퀴리
(1867~1934)

간디
(1869~1948)

아문센
(1872~1928)

슈바이처
(1875~1965)

아인슈
타인
(1879~1955)

헬렌
켈러
(1880~1968)

테레사
(1910~1997)

만델라
(1918~2013)

마틴
루서 킹
(1929~1968)

스티븐
호킹
(1942~2018)

오프라
윈프리
(1954~)

스티브
잡스
(1955~2011)

빌
게이츠
(1955~)

2024년 9월 15일 2판 7쇄 **펴냄**
2014년 2월 25일 2판 1쇄 **펴냄**
2008년 1월 15일 1판 1쇄 **펴냄**

펴낸곳 (주)효리원
펴낸이 윤종근
글쓴이 이상교 · **그린이** 이은복
사진 제공 중앙포토
등록 1990년 12월 20일 · **번호** 2-1108
우편 번호 03147
주소 서울시 종로구 삼일대로 457, 406호
전화 02)3675-5222 · **팩스** 02)765-5222

ⓒ 2008 · 2014, (주)효리원

ISBN 978-89-281-0351-5 64990

이메일 hyoreewon@hyoreewon.com
홈페이지 www.hyoreewon.com